I Give You My Heart

I Give You My Heart

Rick Ruggles

**Andrews McMeel
Publishing**

Kansas City

I Give You My Heart

04 05 06 07 08 KFO 10 9 8 7 6 5 4 3 2 1

ISBN: 0-7407-4716-9

Library of Congress Control Number: 2004102875

Text by Jan Miller Girando

For Nancy,
my supreme valentine

. . .

Thanks to Tracy, Jane, and my family, friends,
colleagues, and supporters all along the way

I give you my heart . . .

slowly . . .

shyly . . .

gingerly . . .

coyly . . .

blushingly . . .

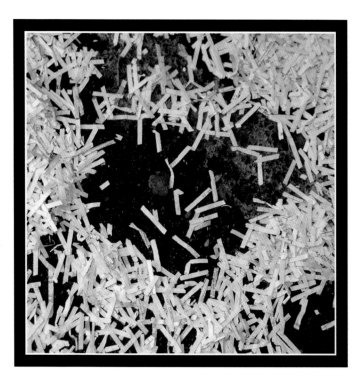

bashfully . . .

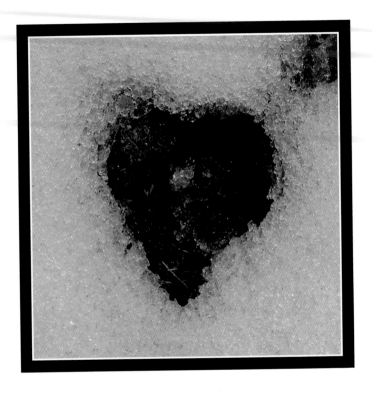

tentatively . . .

hesitantly . . .

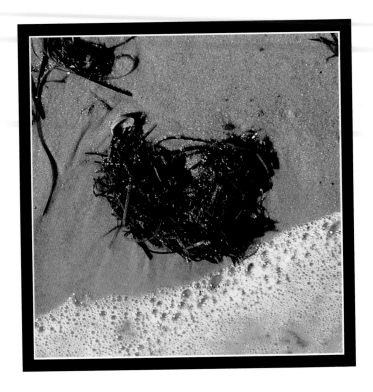

carefully . . .

cautiously . . .

modestly . . .

discreetly . . .

secretly . . .

sensitively . . .

anxiously . . .

privately . . .

gently . . .

delicately . . .

simply . . .

humbly . . .

innocently . . .

quietly . . .

silently . . .

solemnly . . .

dreamily . . .

mysteriously . . .

gradually . . .

easily . . .

openly . . .

warmly . . .

willingly . . .

faithfully . . .

knowingly . . .

trustingly . . .

lovingly . . .

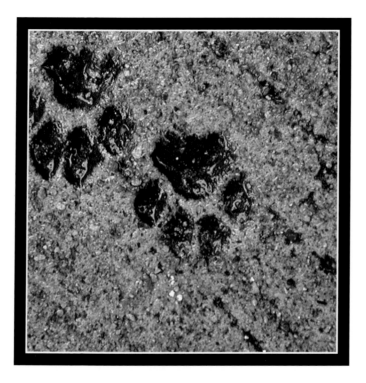

playfully . . .

freely . . .

fearlessly . . .

deliberately . . .

impetuously . . .

happily . . .

hopefully . . .

expectantly . . .

blissfully . . .

jubilantly . . .

joyfully . . .

consciously . . .

confidently . . .

boldly . . .

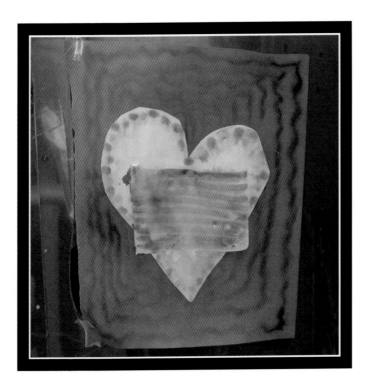

proudly . . .

daringly . . .

courageously . . .

romantically . . .

passionately . . .

unreservedly . . .

exclusively . . .

I give you my heart . . . completely.

exclusively . . .

I give you my heart . . . completely.